Leuchttürme
für Kinder erzählt

PHILIP PLISSON ⚓

Leuchttürme
für Kinder erzählt

Texte von
Francis Dreyer

Illustrationen von
Daniel Dufour

Aus dem Französischen von
Christa Trautner-Suder und Anke Beck

KNESEBECK

Inhalt

- Der Leuchtturmsammler 10
- Seezeichen 12
- Die Leuchttürme des Altertums 14
- Wie funktionierten die ersten Leuchttürme? 16
- Wo wurden Leuchttürme errichtet? 18
- Leuchttürme an den Küsten 20
- Leuchttürme auf Inseln 22
- Leuchttürme auf dem Meer 24
- Bakenschiffe 26
- Feuerschiffe 28
- Blinkzeichen und farbige Leuchtfeuer 30
- Wie wurden die Leuchttürme erbaut? 32
- Die Treppen 34
- Die Laternen 36
- Achtung, die Erde ist rund! 38
- Die Fresnel-Linse 40

- Quecksilberwannen 42
- Der Leuchtturmwärter 44
- Wachablösung auf See 46
- Die Wohnung des Leuchtturmwärters und sein Schrankbett 48
- Alles blitzblank! 50
- Kochen und Freizeit 52
- Stürme 54
- Nebel und Nebelhörner 56
- Von der Hölle ins Paradies 58
- Nachts im Leuchtturm 60
- Die Automatisierung 62
- Ein wachsames Auge aufs Meer 64
- Moderne Wachablösung per Hubschrauber 66
- Reparaturen 68
- Satellitengestützte Navigationssysteme – GPS oder DGPS 70
- Die Farbsektoren 72
- Kurs auf den Hafen 74

Der Leuchtturmsammler

Ich sammle Leuchttürme wie andere Briefmarken, Münzen oder Schlüsselanhänger.

Ich bin ein richtiger Leuchtturmliebhaber. Diese Leidenschaft hat mich schon sehr früh gepackt, als ich mit meiner Familie im Sommer in Frankreich von der Bretagne aus aufs Meer hinausfahren durfte. Ich muss zugeben, dass ich beim Auslaufen aus dem Hafen von La Trinité ziemlich verwöhnt wurde, denn ich hatte dabei eine Menge Leuchttürme vor Augen, die bei der Navigation halfen. Da waren Leuchttürme, denen man sich nähern konnte und solche, die allein auf ihrem Felsen standen und die man bei schönem Wetter umfahren musste – und bei Einbruch der Dunkelheit war da noch einer, der alle zehn Sekunden zweimal aufleuchtete und von dem man sonst nichts sah: der Leuchtturm von Goulphar auf der Insel Belle-Isle-en-Mer. 90 Meter erhebt er sich über dem Meeresspiegel, seine Blinklichter faszinierten mich noch 50 Kilometer entfernt in meinem Elternhaus. Ihr könnt euch also vorstellen, was es für ein Gefühl war, als wir eines Nachmittags am Hafen von Le Palais anlegten und ich mit meinen Brüdern und meiner Schwester zu dem riesigen, 52 Meter hohen Leuchtturm radelte. Er war zur Besichtigung geöffnet. Einer der drei Leuchtturmwärter stand auf den Stufen zum Eingang und wartete, bis eine kleine Gruppe von Sensationssüchtigen beisammen war. Wir würden etwas ganz Besonderes erleben, denn der Leuchtturm, auf den wir hinaufstiegen, wäre natürlich der schönste auf der Welt, der leistungsfähigste (oder jedenfalls fast) und mit der allerneuesten Technik ausgestattet. Leuchtturmwärter sind in ihre Leuchttürme verliebt, oft erzählen sie von ihnen wie von einer alten Dame, die man rücksichtsvoll behandeln muss. Ich kann euch nur raten: Schwatzt nicht, wenn ihr hinaufsteigt.

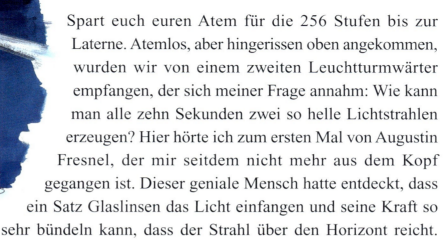

Spart euch euren Atem für die 256 Stufen bis zur Laterne. Atemlos, aber hingerissen oben angekommen, wurden wir von einem zweiten Leuchtturmwärter empfangen, der sich meiner Frage annahm: Wie kann man alle zehn Sekunden zwei so helle Lichtstrahlen erzeugen? Hier hörte ich zum ersten Mal von Augustin Fresnel, der mir seitdem nicht mehr aus dem Kopf gegangen ist. Dieser geniale Mensch hatte entdeckt, dass ein Satz Glaslinsen das Licht einfangen und seine Kraft so sehr bündeln kann, dass der Strahl über den Horizont reicht. Vor mir hatte ich zwei wunderbare, blitzblank geputzte so genannte »Fresnel-Linsen«, die jede Nacht den Seefahrern über ihre Position Auskunft gaben und mir bis nach La Trinité zublinkten. Später erfuhr ich, dass im 19. Jahrhundert an der französischen Küste Hunderte von Leuchttürmen mit Fresnel-Linsen errichtet wurden. Fresnels Entdeckung wurde in die ganze Welt exportiert, und so erleuchten heute Tausende von Leuchttürmen das Meer mit französischen Linsen.

Bis zum heutigen Tag habe ich vielleicht mehr als 500 Leuchttürme auf der ganzen Welt besichtigt (wenn man liebt, zählt man nicht so genau). Und jedes Mal ist es das gleiche Gefühl: Ich bin glücklich und gerührt, weil sie mich an früher erinnern, als Leuchttürme noch dazu bestimmt waren, den Seeleuten zu helfen. Heute richten die Leuchtturmwärter nicht mehr wie Matrosen ihren Blick zum Horizont, und leider betrachten sie ihre Leuchttürme auch nicht mehr mit dem Herzen. Um Geld zu sparen, wurden die Leuchtturmwärter durch Maschinen ersetzt. Das Meer aber wird unermüdlich weiter an unseren Leuchttürmen nagen und diese alten Meisterwerke gefährden – das müssen wir wohl oder übel hinnehmen.

Mit fotografischen Grüßen
euer Philip

Seezeichen

Wie der Turm einer mittelalterlichen französischen Burg, der sogenannte »Donjon«, erhebt sich an der französischen Côte d'Armor der Leuchtturm *Phare de la Croix* an der Mündung des Flusses Trieux. In der Nachbarschaft zwei Baken vor der Île de Bréhat.

An allen Küsten der Welt findet man zahlreiche Markierungen, mit deren Hilfe die Schiffe in ihren Hafen finden. Das können Landmarken sein (unbewegliche Objekte im Meer oder an der Küste, die tagsüber sichtbar sind), Leuchttürme (weithin sichtbare Lichtsignale), Leuchtfeuer oder Laternen (Lichtsignale geringer Reichweite), Richtfeuer (um Schiffe in den Fahrrinnen zu leiten), Tonnen (Schwimmkörper mit oder ohne Lichtsignal), Sirenen (Tonsignale), Bakentonnen (gemauerte Aufbauten mit oder ohne Lichtsignal) und elektronische Signale (per Funk oder Satellit übertragen). Diese Leitsysteme umfassen Hunderttausende von Geräten und werden von den »Seezeichenbehörden« instand gehalten. Jede große Seenation verfügt über ein solches Unternehmen: In England heißt es beispielsweise *Trinity House*, in Schottland *Northern Lighthouse Board*, in Frankreich *Phares et Balises*. So kümmern sich viele tausend Menschen um die Sicherheit der Schiffe auf dem Meer. Ihnen ist es zu verdanken, dass die Seefahrer seit fast 200 Jahren nicht mehr wie im 18. Jahrhundert in der ständigen Angst vor einem möglichen Schiffbruch leben müssen.

Alle Möglichkeiten zur Markierung der Schifffahrtsrouten wurden ausgeschöpft.

Die Leuchttürme des Altertums

Der Leuchtturm *Herkules* in Nordspanien ist der älteste noch betriebstüchtige Leuchtturm. Seine Höhe: 68 Meter.

Bevor es Leuchttürme gab, fuhren die Seeleute nur bei Tag entlang der Küste, die sie nie aus den Augen verloren. Bei einbrechender Dunkelheit legten sie an, um die Nacht, vor Stürmen geschützt, am Strand zu verbringen, und setzten ihre Fahrt erst am nächsten Morgen fort. Es gab tatsächlich keinerlei Lichtsignale, denn der Bedarf dafür fehlte. Erst als der Schiffsverkehr durch den aufkommenden Handel zwischen den Ländern zunahm, wurden einige Häfen mit einem Leuchtfeuer ausgerüstet. Schließlich errichtete man Leuchttürme, die den Hafen wie ein Kaufhaus beleuchteten. Der berühmteste Leuchtturm stand in Alexandria bei Kairo. Die Ägypter hatten ihn fast 300 Jahre v. Chr. ganz aus weißem Marmor erbaut. Die Insel Pharos, auf der er sich befand, wurde zum Namensgeber für Leuchttürme in aller Welt, denn die alte Bezeichnung für Leuchtturm lautete *Pharus*, und der Begriff ist noch heute im romanischen Sprachraum erhalten (Französisch: *phare*, Italienisch: *faro*). Der älteste noch betriebstüchtige Leuchtturm ist der *Herkules*-Turm, den die Römer im 2. Jahrhundert n. Chr. in Spanien erbauten. Sein Licht hat nachts eine Reichweite von über 32 Seemeilen, das sind fast 60 Kilometer. Wer die Lampe aus der Nähe betrachten möchte, muss allerdings 242 Stufen hinaufsteigen.

Dank neuer, in Ägypten durchgeführter Ausgrabungen konnte genau rekonstruiert werden, wie der Leuchtturm von Alexandria ausgesehen hat, der 300 v. Chr. erbaut wurde.

Wie funktionierten die ersten Leuchttürme?

John Doherty, Leuchtturmwärter von Tory Island in Irland, setzt in die große Fresnel-Optik eine neue Glühbirne ein.

Leuchttürme wurden nicht von Anfang an elektrisch betrieben! Bis in die Mitte des 18. Jahrhunderts waren sie mit sehr großen, offenen Eisenkörben ausgestattet, in denen man Holz oder Kohle verbrannte. Das Feuer befand sich auf einer großen Plattform auf der Turmspitze. Der Wind fachte die Glut an, und die Flammen erhellten die Nacht. Der Brennstoff musste auf dem Rücken über eine enge Wendeltreppe hinaufgetragen werden. Die Arbeit war also sehr mühsam und anstrengend, denn die Leuchtturmwärter hatten pro Nacht bis zu 300 Kilogramm Brennmaterial zu transportieren! Um ein möglichst helles Licht zu erzeugen, musste die Glut zudem ständig bewegt und vor Sturm und Regen geschützt werden, die das Feuer häufig löschten. Aus diesem Grund wurden die Feuerstellen nach und nach unter großen Glaslaternen verborgen, die von einer kupfernen Kuppel gekrönt wurden. Kohle verursachte zu viel Schmutz, daher wurden die Feuerstellen durch Lampen ersetzt, die mit Öl oder Petroleum brannten, im 20. Jahrhundert schließlich durch elektrische Glühlampen in der Größe eines Fußballs. Inzwischen sind sie nur noch daumengroß, ungefähr wie die Glühlampen, die unsere Wohnungen erhellen. Es lebe der Fortschritt!

Im 18. Jahrhundert wurde in der Feuerstelle so ziemlich alles verbrannt: Holz, Kohle, Abfälle, Algen, ja sogar Fischöl.

Wo wurden Leuchttürme errichtet?

Leuchttürme wurden an ganz bestimmten Orten errichtet. Hier sieht man zum Beispiel die Leuchttürme auf dem »Vogelfelsen« bei Quebec in Kanada (links unten), auf der Insel Ponza in Italien (links oben) und den *Ar-Men* in der Bretagne in Frankreich (rechts).

Leuchttürme haben im Wesentlichen drei Funktionen. Sie zeigen einem Schiff, das sich vom offenen Meer nähert, Land an, weisen ihm den sicheren Weg in den Hafen oder bezeichnen Gefahren, die unter den Wellen lauern. Von einem Schiff aus, das Kurs auf die Küste nimmt oder eine Fahrrinne ansteuert, entdeckt man daher als Erstes die Leuchttürme. Aus diesem Grund stehen Leuchttürme immer an ganz bestimmten Stellen, sei es auf einer Felsspitze, die vom offenen Meer her gut erkennbar ist, auf einem Hügel, der als Orientierung für eine Fahrrinne dient, oder auf Felsen unter der Wasseroberfläche (Riffe, Klippen), die den Schiffsbauch aufschlitzen könnten. Man unterscheidet drei Typen von Leuchttürmen: Leuchttürme an Land (oder Küstenleuchttürme), Leuchttürme im Meer und Leuchttürme auf Inseln. Ab dem Ende des 18. Jahrhunderts wurden diese Standorte von Ingenieuren für Gewässerkunde festgelegt. Die Ingenieure wurden beauftragt, den Meeresboden mittels eines Senkbleis (eine Mess-Schnur, die mit einem Gewicht beschwert ins Wasser geworfen wird) zu vermessen und dabei Felsen unter Wasser ausfindig zu machen. Ihnen ist es zu verdanken, dass die Seefahrer heutzutage wissen, welchen Weg sie wählen müssen, um unsichtbare Gefahren zu umschiffen.

Um eine Seekarte zu erstellen, waren Tausende von Messungen mit dem Senkblei erforderlich, so konnte man Felsen unter Wasser ausfindig machen.

Leuchttürme an den Küsten

Auf den Bildern der linken Seite sieht man den Leuchtturm von Slåtterøy in Norwegen (oben links), *Slyne Head* in Irland (oben rechts), *Buchan Ness* in Schottland (unten links) und schließlich den Leuchtturm am Kap Sim in Marokko (unten rechts). Der Leuchtturm auf der rechten Seite ist *St. John's Point* in der nordirischen Grafschaft Down.

Küstenleuchttürme gibt es am häufigsten. Im Abstand von mehreren Kilometern markieren sie die Küsten, so dass ein Schiff, das vom offenen Meer kommt, immer ein Lichtsignal findet, mit dessen Hilfe es sicher durch die Nacht fahren kann. Als es noch keine elektronischen Navigationssysteme (zum Beispiel GPS) gab, kamen Kursfehler (Richtungsfehler), insbesondere bei langen Überfahrten, häufig vor. Leuchttürme zeigten an, dass Land in der Nähe war und dienten zugleich der geografischen Orientierung. Küstenleuchttürme sind immer sehr hohe Bauwerke, die manchmal sogar noch auf einem Hügel stehen, damit sie möglichst weit sichtbar sind. Sie sind mit einer Wohnung ausgestattet, die vor der Automatisierung der Leuchttürme vom Leuchtturmwärter und seiner Familie bewohnt wurde. Einige Leuchttürme stehen direkt an einem Hafen oder einer Flussmündung, um die Lage solcher für die Seefahrt wichtigen Orte zu markieren. Viele Leuchttürme besitzen zahlreiche Nebengebäude: Kraftwerke, landwirtschaftliche Gebäude, Lagerräume, Wasserzisternen. Mit der Wartung waren 6 Leuchtturmwärter beschäftigt. Zählt man ihre Frauen und Kindern hinzu, wohnten dort also etwa 30 Personen.

Leuchttürme auf Inseln

Auf Skellig Michael in Irland dauerte es manchmal mehrere Stunden, bis Material und Brennstoff auf die Plattform des Leuchtturms getragen waren, denn auf dem gewundenen Pfad, der in den Felsen gehauen war, tobte ein heftiger Wind.

Inseln sind das erste Stückchen Land, das Seefahrer sichten, die sich vom offenen Meer her nähern, und dienen Schiffen (wie Flugzeugen) als »Landesignal«. Der Leuchtturm muss daher ein sehr lichtstarkes Signal aussenden, um möglichst weit sichtbar zu sein. Der *Créac'h* auf der Insel Ouessant (Frankreich) war lange Zeit der lichtstärkste Leuchtturm der Welt. Er markiert den sehr gefährlichen Bereich der »Straße von Ouessant«, die Jahr für Jahr von tausenden Schiffen passiert wird. Sein Licht strahlte mehr als 80 Kilometer weit! In manchen Nächten ließ sein Leuchtfeuer die Anwohner glauben, die Sonne sei zu früh aufgegangen. Einige Leuchttürme, wie der *Rhinns of Islay* in Schottland, haben das Glück, auf einer recht großen Insel zu stehen, auf der es ein Dorf und bewirtschaftetes Land gibt. Dort ist das Leben für die Leuchtturmwärter angenehmer. Andere hingegen erheben sich auf winzigen Inseln, in starker Strömung oder auf schroffen Felsen, wie beispielsweise auf Skellig Michael im Südwesten Irlands. Dort ist der Alltag eine Hölle, die Einsamkeit erdrückend, die einfachste Lebensmittelversorgung bedeutet zwangsläufig eine Kletterpartie!

Auf den kleinen Inseln musste für den Unterhalt der Familie alles genau geplant werden; Kühe, Hühner, Kaninchen und ein Gemüsegarten bereicherten den Speiseplan.

Leuchttürme auf dem Meer

Der Leuchtturm *Longship Lighthouse* trotzt auf seinem Felsen seit 210 Jahren den Wellen. Dieser Turm ist sehr eng und zählt in England zu den Leuchttürmen mit den unangenehmsten Arbeits- und Lebensbedingungen.

Immer wieder tauchen mehrere Seemeilen vor einer Küste Felsen im Wasser auf. Solche unsichtbaren und für Schiffe sehr gefährlichen Riffe müssen direkt an Ort und Stelle gekennzeichnet werden: durch einen Leuchtturm auf dem Meer. Bis 1950 war dort ein Lichtsignal ohne die Anwesenheit eines Menschen, der es betreute, nicht möglich. Die Lampe musste entzündet und gelöscht werden, der Ölstand war zu kontrollieren und die Scheiben der Laterne benötigten eine regelmäßige Reinigung. Leuchttürme auf dem Meer mussten also (genauso wie Leuchttürme an Land) bewohnt werden. Die Lebensbedingungen dort waren äußerst hart: Die Einsamkeit, die geographische Isolation und die Trennung von der Familie waren nur schwer zu ertragen. Ein Leuchtturm verfügte über mehrere Räume: holzgetäfelte Zimmer, einen Lagerraum, eine Küche mit einem winzigen Herd und einen Dienstraum. Eine Wendeltreppe führte hinauf bis zur großen Plattform, von wo aus man das Meer genau beobachten konnte. Sehr häufig war die Turmbasis verbreitert, um den Turm gegenüber den Wellen widerstandsfähiger zu machen, die sich bei Sturm mit gewaltiger Gischt an ihm brechen.

Eine weitere wichtige Aufgabe der Leuchtturmwärter war die Überwachung der See.

Bakenschiffe

Lange Eisenketten, die am Meeresboden an einem Tonnenanker (Betongewicht) hängen, halten die Bakentonnen an ihrem Platz.

Die Wartungsdienste aller Leuchttürme der Welt verfügen über verschiedene Arbeitsboote, mit denen sie ihre Tätigkeiten ausführen können. Hierzu gehören die Bakenschiffe, deren Aufgabe die Installation und Wartung von Leuchttonnen auf dem Meer ist. Bis vor kurzem waren dies sehr lange Boote mit spitzem Bug, einer eindrucksvollen großen Brücke und einem Flachdeck, auf dem die Geräte und langen Ketten gelagert werden konnten. Man erkannte die Schiffe an ihrem Kran im Bug des Schiffes, der den riesigen Schwimmkörper anhob, bevor er zu Wasser gelassen wurde.

Heutzutage haben neue, leichtere und kleinere Plastiktonnen die früheren Blechtonnen ersetzt. Gas muss dort nicht mehr gelagert werden, da die Lampen mit Solarzellen betrieben werden. Die Bakenschiffe haben sich der neuen Situation angepasst, sie sind gedrungener, und ihre Tonnage (der in Registertonnen gemessene Rauminhalt des Schiffs) wurde verringert. Die Mannschaft besteht aus etwa zehn Seeleuten, die jede Woche losfahren, um einen Küstenbereich von mehreren hundert Kilometern zu kontrollieren.

Moderne Bakenschiffe sind sehr viel kleiner und lassen sich besser manövrieren.

Feuerschiffe

Das Feuerschiff *Channel* im Ärmelkanal zwischen England und Frankreich gehört zu den letzten, die Tag und Nacht dem Seegang trotzen. Weltweit gibt es nur noch etwa 20 Feuerschiffe.

An manchen Stellen war es ausgeschlossen, einen Leuchtturm auf dem Meer zu bauen. Entweder war der Boden zu wenig stabil (wie etwa auf Sandbänken) oder das Meer zu tief, so dass nicht einmal bei Ebbe an einen Bau zu denken war. In diesen Fällen kam ein Feuerschiff zum Einsatz, das durch zwei lange Ankerketten am Abdriften (Abweichen von der Position) gehindert wurde. Dieses Schiff war mit einem hohen Metallturm ausgestattet, der das Lichtsignal trug, und diente der Mannschaft als Unterkunft. Anfangs waren Feuerschiffe nicht motorisiert. Sie wurden von einem Dampfschiff an ihren Standort gezogen. Wellen und Strömung ließen das Schiff dort heftig schaukeln, warfen es wie einen Korken hin und her. Die Besatzung litt daher häufig unter Seekrankheit. Gelegentlich waren die Wellen so stark, dass die Ketten rissen und das Schiff aufs offene Meer hinaustrieb. Es musste unbedingt geborgen werden. Da es an Bord aber noch keinen Funk gab, vergingen oft viele Stunden, bis man es fand. Die Zufahrten zu den wichtigsten Häfen der Nordsee waren mit diesen eigenartigen Schiffen ausgerüstet, bis sie in den 1980er Jahren durch sehr große automatische Tonnen abgelöst wurden.

Das ehemalige französische Feuerschiff Le Havre kann man heutzutage im Museum der gleichnamigen Stadt bewundern.

Blinkzeichen und farbige Leuchtfeuer

Die Treppe eines Leuchtturms windet sich wie eine Schnecke in ihrem Haus. Der freie Raum in der Mitte wird für den Materialtransport mittels Seilzug genutzt. So wird das ständige Treppauf-treppab überflüssig.

Das Leben als Leuchtturmwärter war ganz schön anstrengend! Um die Lampe zu entzünden, musste er immer eine Treppe hinaufsteigen. Irgendjemand hat ausgerechnet, dass der Wärter eines hohen Leuchtturms am Ende seines 40jährigen Berufslebens etwa zwei Millionen Stufen auf- und abgestiegen ist. Nachdem eine Stufe 20 Zentimeter hoch ist, kommen dabei über 400 Kilometer zusammen. Im Inneren des Leuchtturms windet sich die Treppe wie eine Schnecke in ihrem Haus. Kleine Fenster erhellen das Kupfergeländer, das in der Sonne glänzt. Angeblich fassten die Leuchtturmwärter, die alle etwas sonderlich gewesen sein sollen, dieses Geländer nie an, damit es sauber und glänzend blieb. Innen war das Mauerwerk gelegentlich mit Opalglas verkleidet (das ist eine Art undurchsichtiges Glas, ähnlich wie Milchglas), um zu verhindern, dass es durch Kondensation (Verdichtung von Dampf durch Abkühlung zu Feuchtigkeit) zu feucht wurde. (Ähnlich ist es in unseren Badezimmern, deren Wände aus diesem Grund gekachelt werden.) Das war auch sehr wichtig, denn die Treppe konnte sonst rutschig werden. Ein Leuchtturmwärter stürzte dadurch sogar zu Tode. Einige Leuchttürme, die nach dem Zweiten Weltkrieg wieder aufgebaut wurden, stattete man mit Aufzügen aus. So ein Glück für die Leuchtturmwärter!

Der Aufzug in einem Leuchtturm hält nur zweimal: im Erdgeschoss und auf Höhe des Dienstraums. Dazwischen können mehr als 60 Meter liegen.

Die Laternen

Obwohl sie sich an der Spitze des Leuchtturms befinden, wurden die Laternen verziert: mit Skulpturen, die mit Sternen geschmückt waren, mit Regenrinnen, an deren Ende Löwen ihr Maul aufsperrten und mit Wetterfahnen, um die Windrichtung anzuzeigen. Hier sieht man zum Beispiel den Leuchtturm von Eckmül in Frankreich.

Auf allen Leuchttürmen sitzt oben so ein seltsamer »Glashut«, der das Leuchtfeuer (oder die entsprechende Optik) schützt und gleichzeitig lichtdurchlässig ist. Die ersten Laternen waren aus Stein und hatten sehr kleine Fensterscheiben; dadurch wurde viel Licht verschluckt, und der Lichtstrahl hatte nur eine geringe Reichweite. Erst gegen 1770 nahmen diese »Hüte« ihre heutige Form an: eine große Metallkrone mit sechs, acht oder zehn Seiten und einer Kuppel aus Kupfer. Sie sitzt auf einem runden Mäuerchen auf der Plattform des Leuchtturms. Ein Blitzableiter schützt sie vor Blitzeinschlag. Die Laternen bedurften sorgfältiger Pflege: Die Scheiben mussten regelmäßig geputzt werden, zerbrochene Scheiben waren zu ersetzen. Der Leuchtturmwärter musste gelegentlich sogar auf die Kuppel hinaufsteigen, manchmal mehr als 60 Meter über dem Erdboden, um den Windrichtungsanzeiger zu reparieren oder die Regenrinnen zu überprüfen. Das Regenwasser wurde nämlich gesammelt, es floss durch das Maul kleiner Skulpturen in Gestalt eines Löwenkopfes, wie man dies von den Wasserspeiern der Kathedralen kennt. Von dort ergoss es sich in eine große Zisterne und diente den Leuchtturmwärtern als Trinkwasser.

Durch den von der Glut produzierten Ruß schwärzten sich die Scheiben in diesen kleinen Steinlaternen sehr schnell.

Achtung, die Erde ist rund!

Der kleine Leuchtturm von Barra Head in Schottland (links) ist letztendlich höher als der Leuchtturm auf der Île Vierge in Frankreich (rechts), weil er sich auf einer Steilküste 190 Meter über dem Meer erhebt.

Das Leuchtfeuer der Leuchttürme befindet sich fast immer auf hohen Türmen oder auf Häusern, die hoch oben auf Klippen oder Hügeln stehen. Komisch, oder? Um das zu verstehen, muss man bedenken, dass die Erde rund ist. Wenn ihr aufs Meer schaut, könnt ihr nur bis zum Horizont sehen, das ist die Linie zwischen Himmel und Wasser. Dahinter fällt die Erdrundung ab und alles, was sich dort befindet, bleibt euch verborgen. Wenn ihr weiter schauen möchtet, könnt ihr euch noch auf die Zehenspitzen stellen. Nun sind eure Augen höher, das heißt, ihr könnt etwas weiter über den Horizont hinaussehen. Auf einem Turm seid ihr wieder ein Stück höher und könnt folglich auch weiter sehen. Ein Kind, das vom Strand aus über das Meer schaut, sieht die Horizontlinie in einer Entfernung von etwa zwei Seemeilen (eine Seemeile = 1852 m). Steigt es auf einen 30 Meter hohen Turm, rückt diese Linie auf elf Seemeilen. Von einem 150 Meter hohen Hügel aus kann das Kind sogar ein Schiff in 25 Seemeilen Entfernung sehen, das vom Strand aus verborgen blieb. Mit den Leuchttürmen ist es genauso. Je größer die Entfernung, aus der man sie sehen soll, desto höher müssen sie sein.

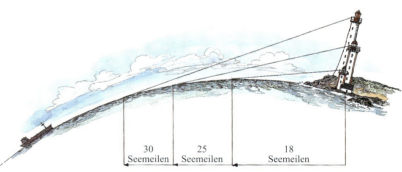

Entscheidend für die Entfernung, aus der ein Gebäude gesehen wird, ist seine Höhe.

Die Fresnel-Linse

Die Fresnel-Optik besteht aus mehreren hundert Glaselementen, die durch Kupferträger miteinander verbunden sind. Es dauerte Stunden, sie zu putzen.

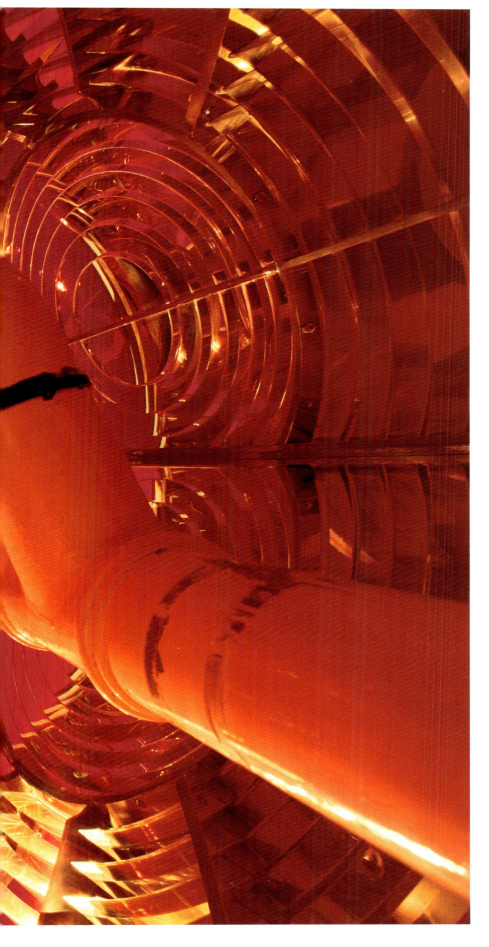

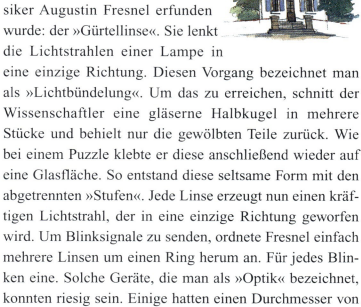

Alle Leuchttürme der Welt werden von einem Gerät erleuchtet, das 1825 von dem französischen Physiker Augustin Fresnel erfunden wurde: der »Gürtellinse«. Sie lenkt die Lichtstrahlen einer Lampe in eine einzige Richtung. Diesen Vorgang bezeichnet man als »Lichtbündelung«. Um das zu erreichen, schnitt der Wissenschaftler eine gläserne Halbkugel in mehrere Stücke und behielt nur die gewölbten Teile zurück. Wie bei einem Puzzle klebte er diese anschließend wieder auf eine Glasfläche. So entstand diese seltsame Form mit den abgetrennten »Stufen«. Jede Linse erzeugt nun einen kräftigen Lichtstrahl, der in eine einzige Richtung geworfen wird. Um Blinksignale zu senden, ordnete Fresnel einfach mehrere Linsen um einen Ring herum an. Für jedes Blinken eine. Solche Geräte, die man als »Optik« bezeichnet, konnten riesig sein. Einige hatten einen Durchmesser von fast zwei Metern und waren drei Meter hoch. Man konnte wirklich glauben, das Auge eines riesigen Zyklopen (ein einäugiger Riese der griechischen Sage) erhelle das Meer.

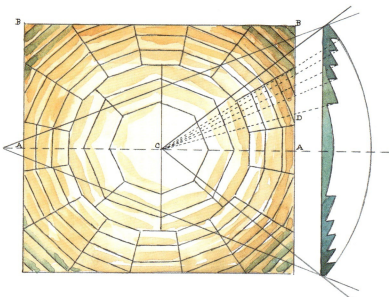

Die Fresnel-Optik bündelt wie ein Filmprojektor im Kino das Licht in eine Richtung.

Quecksilberwannen

Ein Lichtstrahl dreht nachts seine Kreise. Der Leuchtturm von Carteret in Frankreich kennzeichnet eine sehr gefährliche Engstelle des Ärmelkanals, die immer wieder auch als Fluchtweg genutzt wurde.

Um die verschiedenen Leuchttürme unterscheiden zu können, ist das Leuchtfeuer bei einigen unbeweglich, bei anderen dreht es sich. In diesem Fall musste man also die Optik (die Fresnel-Linsen), die das Gewicht eines Elefanten erreichen konnte, zum Drehen bringen! Man setzte sie in einer Flüssigkeit auf einen Schwimmkörper. Das Prinzip ist ganz einfach: etwa so, als wenn ihr euch im Schwimmbad mit einem Schwimmreifen amüsiert, in den ihr euch hineinsetzt. Er trägt euch und ihr könnt dahingleiten, euch drehen, bewegen, auf dem Wasser dahinsausen – alles ohne die geringste Anstrengung. In unserem Fall ist dieser »Schwimmreifen« ein großer Ring, der in einer Wanne mit flüssigem Metall, nämlich in Quecksilber, schwimmt. Die Optik wird auf diesen Ring gesetzt, nun braucht man ihn nur noch anzustoßen und schon dreht sich die Optik um ihre eigene Achse. Mit dem kleinen Finger kann man auf diese Weise ein Gerät in Bewegung setzen, das mehrere Tonnen wiegt! Die Drehung, die fast unendlich lange dauern kann, wird durch ein kleines aufziehbares Uhrwerk hervorgerufen. Ob das wohl jemand überbieten und mit dem kleinen Finger einen Elefanten drehen kann?

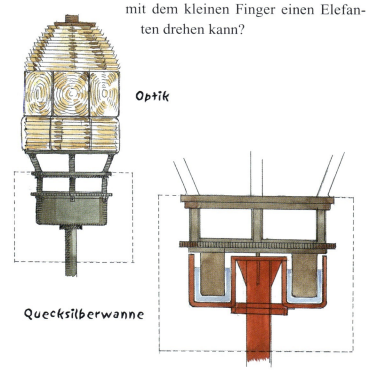

Der ringförmige Schwimmkörper schwimmt auf dem Quecksilber (blau) wie eine Boje im Swimmingpool.

Der Leuchtturmwärter

Der Leuchtturmwärter von Silleiro in Nordspanien kontrolliert die Lampen. Geht eine Lampe kaputt, wird sie automatisch ersetzt.

Vor der Automatisierung der Leuchttürme, die vor etwa zehn Jahren abgeschlossen wurde, gab es in jedem Leuchtturm einen oder mehrere Wärter. Man erkannte sie an ihrer schönen Uniform und ihrer mit einem Turm oder Stern verzierten Schirmmütze. Ihre Aufgabe war es, das Funktionieren der Lampe zu überwachen, denn nie, wirklich niemals durfte das Signal nachts ausgehen. Auf ihren Schultern lastete also sehr große Verantwortung, da die geringste Unaufmerksamkeit einen Schiffbruch zur Folge haben konnte. Zu Beginn des 20. Jahrhunderts verbrachten Leuchtturmwärter 30 Tage auf ihrem Posten, anschließend hatten sie zehn Tage frei. Wer auf einem Leuchtturm im Meer Dienst tat, verließ seine Familie regelmäßig, ohne genau zu wissen, wann er zurückkommen würde. Wenn nämlich heftige Stürme ihre Ablösung verhinderten, konnten sie lange auf ihrem Felsen festsitzen. 1929 waren zwei Wärter des französischen *Phare de la Vieille* über 45 Tage lang Gefangene ihres Turms. Glücklicherweise hatten sie ausreichend Vorräte und mussten wenigstens keinen Hunger leiden.

Hier ist eine portugiesische Uniform zu sehen. Sie war der ganze Stolz der Leuchtturmwärter, wenn sie in ihrem Turm Besuch empfingen.

Wachablösung auf See

Manchmal riskierte das Schiff, an den Felsen zu zerschellen, wenn es zu nah an den Leuchtturm heranfuhr. Für die Ablösung benutzte man daher ein Seil mit einem Korksitz.

Bei einigen Leuchttürmen auf dem Meer gestaltete sich die Ablösung äußerst schwierig. Der Wärter, der seine Arbeitsphase geleistet hatte, wurde von einem anderen abgelöst. Zuerst näherte sich das Transportboot dem Leuchtturm. Von der Plattform aus warf der Wärter ein langes Seil zum Schiff, an dessen Ende ein Korksitz befestigt war (weil Kork schwimmt). Der neue Wärter auf der Schiffsbrücke ergriff das Seil und ließ sich auf dem Sitz nieder. Nun wurde er zur Plattform des Leuchtturms hinaufgezogen. Das mag recht einfach klingen, war aber schwierig, denn das Boot schaukelte auf den Wellen: Es hob sich, schaukelte hin und her, glitt zurück oder senkte sich je nach Strömung und Wellengang. Der arme Mann, der da an seinem Seil hing, war ein Spielball der Wellen. War eine Welle besonders hoch, tauchte er schon mal völlig unter. Angenehm, so ein Eisbad vor Arbeitsbeginn! Für den Wärter, der seinen Dienst beendet hatte, ging die Reise in die umgekehrte Richtung. Ihm war sicher nicht sehr wohl, wenn er sah, wie sein armer Kollege bis auf die Knochen durchnässt wurde.

Bei einem solchen, sehr seltenen Unfall konnte der Leuchtturmwärter ertrinken.

Die Wohnung des Leuchtturmwärters und sein Schrankbett

Die Schlafetage des Leuchtturms von Eddystone in England. Jeder Wärter hatte seinen festen Schlafplatz, einen Schrank, Bettzeug und sein gemütliches Eckchen, das er mit Fotos seiner Familie schmücken konnte.

Leuchttürme an Land oder auf einer Insel wurden vom Wärter zusammen mit seiner Familie bewohnt. Es gab normalerweise eine Küche, ein oder zwei Schlafzimmer, ein Arbeitszimmer und einen Lagerraum für das Beleuchtungsmaterial. Das Mobiliar wurde der Familie bei ihrer Ankunft leihweise zur Verfügung gestellt: ein großes Bett, ein Tisch, Stühle und Küchenutensilien. Insgesamt nicht sehr viel. Mit der Zeit wurden die Wohnungen vergrößert und dadurch etwas komfortabler. Schließlich waren es fast normale Häuser mit Fernseher und Radio wie in anderen Familien auch.

Das Leben in den Leuchttürmen auf dem Meer war hingegen sehr viel schwieriger. Das fing schon damit an, dass der Wärter dort alleine lebte; seine Familie blieb an Land in ihrem Haus. Für den Vater war der Winter die härteste Zeit: Er musste Kälte, Feuchtigkeit und Wind aushalten, und häufig gab es nicht einmal eine Heizung. Daher verkroch er sich, sobald es ging, in seinem großen Schrankbett aus Holz: Das war eine Art Schrank, der ein Bett enthielt und dessen Türen man schließen konnte, um die Wärme zu halten. An manchen Tagen fiel es dem Wärter wirklich schwer, sein gemütliches Nest zu verlassen…

Schrankbetten gab es hauptsächlich in französischen Leuchttürmen.

Alles blitzblank!

Die »Hausarbeiten« waren in verschiedenen Handbüchern oder Anweisungen genau festgelegt. Wurden sie nicht regelmäßig erledigt, hatte dies Strafmaßnahmen zur Folge. Hier werden im spanischen Leuchtturm von Chipiona die Fenster geputzt.

Die Arbeit eines Leuchtturmwärters war einfach und eintönig. Neben der Überwachung der Lampe gab es eine Menge lästiger Reinigungsarbeiten. Die Scheiben mussten geputzt und die Kupfergeländer poliert werden, damit sie in der Sonne glänzten. Im Dienstraum durfte kein Stäubchen zu sehen sein, das war Vorschrift! Monat für Monat wurden hunderte Glasringe der Optik sorgfältig abgestaubt. Das Aufziehuhrwerk, das die Optik in Drehung versetzte, musste ebenfalls regelmäßig zerlegt und kontrolliert werden, die Treppe mit bis zu 260 Stufen war zu fegen und der Brennstoff (Kohle, später Petroleum oder Öl) nach oben zu tragen.

Die Arbeit war zwischen zwei Wärtern aufgeteilt, die sich im Turm ablösten. Jeder hatte so seine Gewohnheiten und seinen Fachbereich, der eine das Kupfer, der andere das Glas... Waren die lästigen Arbeiten erledigt, spielten die Männer zur Entspannung Karten, lasen Zeitschriften, langweilten sich aber auch oft. Manche Wärter arbeiteten über 20 Jahre lang mit demselben Kollegen zusammen. Man musste sich also gut verstehen, damit es nicht mitten auf dem Ozean zu Streitereien kam.

Das Kupfergeländer der Treppe musste immer blitzblank sein.

Kochen und Freizeit

Angeln war eine sehr gute Möglichkeit, den Speiseplan aufzubessern, der häufig nur aus Konserven, Dörrfisch und trockenen Keksen bestand.

Jeder Leuchtturmwärter hatte seine eigene Methode, um gegen die Langeweile anzukämpfen. Einige widmeten sich der Herstellung von Flaschenschiffen, schnitzten Elfenbeinfiguren oder reparierten Uhren; andere bevorzugten Kreuzworträtsel. Auch eine Bücherei stand ihnen zur Verfügung. Es gab sogar Leuchtturmwärter, die anfingen zu malen. Die meisten lasen Zeitschriften und erwarteten per Funk Neuigkeiten von ihrer Familie. Zu den Lieblingsbeschäftigungen zählte das Kochen. Wer auf einem Leuchtturm auf dem Meer Dienst tat, legte seine Angeln aus und wartete auf die Ebbe, um die Fische von der Angel zu nehmen. Bei einigen Leuchttürmen, die auf einem Felsen standen, hatte man sogar Fischteiche angelegt, um den Fang frisch zu halten. Und dann ab in den Kochtopf! Jeder Leuchtturmwärter der Welt hatte sein Spezialrezept.

Leuchtturmwärter brachten es in der Kunst des Fischfangs in unmittelbarer Umgebung ihres Turms zur Meisterschaft.

Stürme

Am schlimmsten sind die Winterstürme; der Leuchtturm von Kéréon in Frankreich kann ein Lied davon singen. Wenn das Meer tobt, fragt man sich, ob er nicht eines Tages in den Wogen verschwinden wird.

Stürme sind wunderbar, wenn man in der warmen Stube sitzen und ihnen durchs Fenster zuschauen kann. Bei Leuchtturmwärtern und Seefahrern sind sie jedoch äußerst unbeliebt. Manche Welle ist so stark, dass sie den Fuß des Leuchtturms überspült und in Tausende von Schaumgarben zerplatzt, die über 40 Meter hoch reichen. Höher als ein zehnstöckiges Haus! Diese Wellen können so stark sein, dass durch ihren Druck sogar die Scheiben der Laterne zerbrechen. Dann kann es passieren, dass im Leuchtturm das Licht erlöscht. Es ist sogar vorgekommen, dass eine Welle die schwere Eingangstür aufgedrückt hat. Das Wasser ergoss sich auf die Treppe, in den Lagerraum und stieg ein Stockwerk hoch in die Küche und sogar noch höher in ein Schlafzimmer. Alles war überschwemmt. Als das Wasser abfloss, spülte es die Sachen des Leuchtturmwärters aufs Meer hinaus. Im Turm hört man, wie die Wellen gegen den Stein schlagen. Als würde ein Riese auf einen Amboss hämmern. Der Turm zittert, vibriert, bewegt sich, schwankt. Dann bekam man es schon mal mit der Angst. In England wurde 1703 der im Bau befindliche Leuchtturm von Eddystone von den Fluten zerstört. Der Baumeister und seine Arbeiter wurden nie gefunden.

»Das Meer ergoss sich durch die Tür und hinterließ eine Spur der Verwüstung.«

Nebel und Nebelhörner

Das Doppelhorn des Leuchtturms von Pendeen im Westen Cornwalls heult alle 20 Sekunden, sehr zur Verwunderung der Seeschwalben und Möwen, die hier nisten.

Was die Leuchtturmwärter wirklich fürchteten, war Nebel. Denn während Leuchttürme bei klarem Wetter nachts gut sichtbar sind, wird ihr Lichtstrahl vom Nebel rasch verschluckt. Das ist ähnlich wie bei einer Wolke, die den Mond leicht verdecken kann. Selbst bei den immer stärker werdenden Lampen behält der Nebel mit seinem dunklen Schleier die Überhand. Um Schiffen bei Nebel das Vorhandensein der Leuchttürme zu signalisieren, wurden daher große Nebelhörner eingebaut. Sie heulten, solange das schlechte Wetter anhielt. Die beiden Wärter mussten dann Tag und Nacht mit diesem quälenden Heulton leben. Manche stopften sich Watte in die Ohren oder versteckten ihren Kopf unter dem Kopfkissen, aber das nützte alles nichts.

Inzwischen, wo alle Schiffe mit Radar oder Navigationssystemen (GPS) ausgerüstet sind, werden Nebelhörner fast nicht mehr gebraucht. Richtig angenehm, diese Ruhe auf dem Meer!

Nebel ist auch immer wieder für Schiffskollisionen verantwortlich.

Von der Hölle ins Paradies

Jedem Leuchtturmwärter wäre die Entscheidung leicht gefallen zwischen dem *Phare du Four* im Meer d'Iroise (unten links), dem Turm auf der Île du Pilier (oben links) und dem Leuchtturm auf der Insel Saint Agnès (rechts) inmitten der Scilly-Inseln (Cornwall). Schließlich strebte jeder nach dem ruhigen Leben an Land.

Manche Leuchtturmwärter tauften die Leuchttürme nach den jeweiligen Lebensbedingungen. Die schlimmsten waren die »Höllen«, meist Leuchttürme auf dem Meer, wie der *Fastnet* vor der Südwestküste Irlands. Dort fror man ständig und lebte mit der Angst, ein Sturm könnte den Turm zerstören! Mitten auf dem Meer war man ein Gefangener, häufig mit trockenem Brot als einziger Nahrung, denn der Turm war für die Versorgungsschiffe nur schwer zugänglich. Die sogenannten »Fegefeuer« waren Leuchttürme, die ihren Bewohnern das Leben nicht ganz so schwer machten. Es gab mehr Platz, und man konnte auf den Felsen spazieren gehen. Allerdings war durch hohen Seegang ständig mit Überschwemmungen oder Problemen bei der Lieferung von Versorgungsgütern zu rechnen. Dann kamen die Leuchttürme, von denen jeder Leuchtturmwärter träumte: »Paradiese«, wie auf der Île de Batz in Frankreich oder in Alfanzina (Portugal). Stellt euch vor: ein hübsches, geräumiges Häuschen am Meer, Tag für Tag Sonnenschein, keine Stürme, ein Gärtchen zum Anbau von frischem Gemüse, ein kleiner Hühnerhof für die Versorgung mit Eiern und Fleisch, manchmal sogar eine Kuh, die Milch gab. Und dazu noch ganz in der Nähe ein Dorf mit einer Schule für die Kinder. Wirklich ein paradiesisches Leben, oder?

Erst nach 30 Dienstjahren konnten Leuchtturmwärter, wenn sie Glück hatten, auf ihre Versetzung in ein »Paradies« hoffen.

Nachts im Leuchtturm

Ein Leuchtturm kennt keine Nachtruhe. Er leuchtet, sein Licht dreht sich, er hält Wache. Mehrere hunderttausend Schiffe haben im Lauf der Zeit den Leuchtturm *Créac'h* auf der Insel Ouessant in Frankreich passiert. Das unterstreicht, wie wichtig er ist.

In jedem Leuchtturm entzündete der Wärter kurz vor Sonnenuntergang seine Lampe. Er besaß einen Kalender, in dem für jede Jahreszeit auf die Minute genau stand, wann die Lampe anzuzünden war. Er musste aber bereits eine halbe Stunde vorher in die Laterne hinaufsteigen, um die Lampe vorzubereiten und das Material ein letztes Mal zu überprüfen. Sobald das Feuer entzündet und die Optik dank des Antriebsuhrwerks in Bewegung war, ging er wieder eine Etage tiefer in den Dienstraum, wo er seine Wachstunden verbrachte. Mitten in der Nacht wurde er dann von seinem Kollegen abgelöst, der bis zum Morgengrauen den Dienst versah. Seine Aufgabe war das Reinigen und Aufräumen der Geräte und deren Vorbereitung für den nächsten Abend. So konnte es passieren, dass sich die beiden Männer im Lauf eines Tages nur kurz begegneten. Manchmal bei Nacht kam dem Leuchtturmwärter sein Beruf sicher seltsam vor. Mehrere Wochen als freiwilliger Gefangener in einem Turm eingesperrt, gezwungen, wie ein Fisch im Aquarium seine Runden zu drehen, fand er die Einsamkeit oft schwer erträglich.

Der Leuchtturmwärter hält seine Wache im Dienstraum.

Die Automatisierung

Die Automatisierung eines Leuchtturms ist neben allen Vorteilen zugleich eine technische Heldentat, denn alle denkbaren Pannen lassen sich ausschließen, alles funktioniert einwandfrei und zuverlässig.

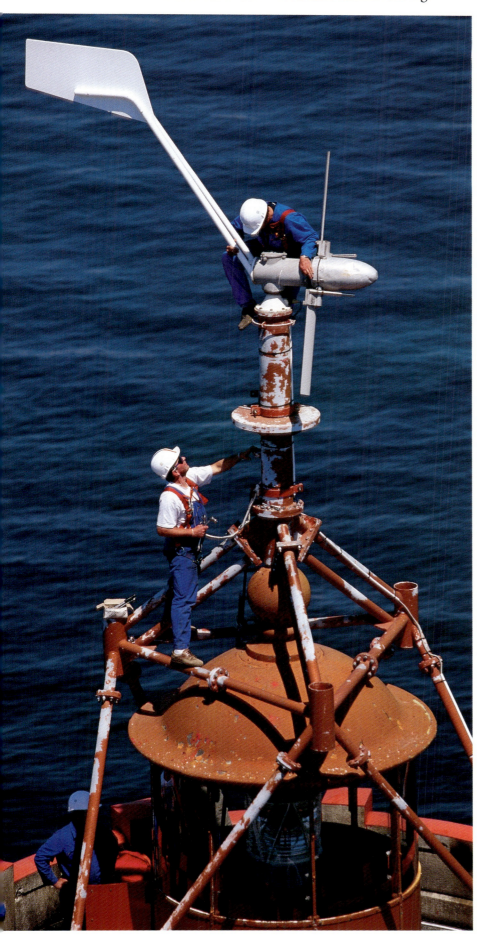

Die Automatisierung beendete die schwierigen Lebensbedingungen und die Einsamkeit in den Leuchttürmen. Seit 1880 bestand die Absicht, Leuchtturmwärter durch einen automatischen Mechanismus zu ersetzen, um ihnen an Land risikoärmere oder einträglichere Aufgaben zuzuteilen. Damit hielt man alle Probleme für gelöst, aber so einfach war die Sache nicht. Es reichte nicht, die Lampe automatisch zu entzünden und zu löschen, es musste auch gesichert sein, dass es dabei keine Pannen gab. Wie aber sollte das funktionieren, wenn niemand zur Kontrolle im Leuchtturm war? Seit etwa 20 Jahren ist dies dank der Halogenlampen möglich. Geht eine Lampe kaputt, wird sie durch einen kleinen Mechanismus automatisch ersetzt. Und wenn der Wind zum Antrieb der Windkraftmaschine fehlt, kommen Batterien oder Benzinmotoren zum Einsatz. Fällt ein Gerät aus, wird per Funk sofort ein Signal losgeschickt und fordert eine Reparatur an. Es wurde also an alles gedacht!

Die nun leerstehenden Gebäude kamen aber immer mehr herunter, weil sie von niemandem mehr gepflegt wurden. Die Automatisierung war zwar eine wirtschaftliche und menschliche Notwendigkeit, für die Leuchttürme selbst jedoch von Nachteil.

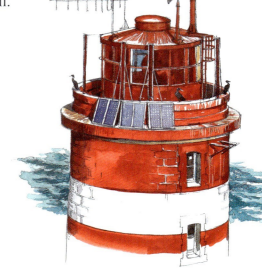

Dieser »moderne« Leuchtturm besitzt zur Stromversorgung eine Windkraftanlage und Sonnenkollektoren, seine Optik ist klein, die Lampe sehr kompakt und sparsam.

Ein wachsames Auge aufs Meer

Wache im französischen Leuchtturm auf der Insel Sein. Zu den Aufgaben des Leuchtturmwärters gehörte es, die Schiffe auf offener See, die Wetterbedingungen sowie den militärischen und zivilen Schiffsverkehr direkt zu beobachten.

Leuchttürme hatten zwei Funktionen. Erstens ermöglichten sie es allen Schiffen, unabhängig von deren Nationalität, Größe oder Leistungsfähigkeit, ob Segel- oder Motorschiff, sich nachts zu orientieren, und garantierten ihre Sicherheit. Diese Dienstleistung, die seit über 300 Jahren von allen Seenationen angeboten wird, ist für alle Seefahrer kostenlos. Überall auf der Welt schicken Leuchttürme ihre schützenden Lichtstrahlen über die Wellen.

Die zweite Funktion erfüllten die Leuchtturmwärter. Da sie manchmal einen Schiffbruch direkt miterlebten, alarmierten sie den Hafen und die Küstenwachen, nahmen die Geretteten auf, wärmten sie und gaben ihnen zu essen. Ihnen war die Rettung von Menschenleben zu verdanken. Allein schon ihre Anwesenheit auf der kleinen Insel gab den Seefahrern ein Gefühl der Sicherheit. Das Meer erschien ihnen bewohnt. Seit der Automatisierung ist niemand mehr in den Leuchttürmen, der über das Meer wacht ... wirklich schade!

Solche Rettungsaktionen waren zwar selten, gaben den Seefahrern aber ein Gefühl der Sicherheit.

Moderne Wachablösung per Hubschrauber

Für die Wachablösung per Hubschrauber gibt es zwei Möglichkeiten: Entweder werden Material und Mensch auf einer Landefläche auf der Spitze des Turms abgesetzt, oder man lässt den Techniker direkt auf die Plattform des Turms hinab. Links sieht man den Leuchtturm von Eddystone in Großbritannien, rechts den von Kéréon in Frankreich.

Seit ihrer Automatisierung sind die Leuchttürme auf dem Meer zu »Robotern« geworden, ihre Türen sind abgesperrt. Man kann die Türme nicht mehr wie früher über eine Leiter erklimmen oder auf ihrer Treppe hinaufsteigen. Das früher zur Ablösung genutzte Boot wurde durch einen Hubschrauber ersetzt. »Das ist wesentlich rentabler«, heißt es. Früher kam es tatsächlich häufig vor, dass der Schiffsführer wegen hohen Seegangs das Unternehmen aufgab, am Turm anzulegen. Der Hubschrauber ist daher ein sehr nützliches Arbeitsmittel, denn Ebbe und Flut oder hoher Seegang spielen keine Rolle mehr, der Leuchtturm ist jederzeit zugänglich. Die Techniker, die den Leuchtturmwärter ersetzen, betreten den Turm also von oben. Sie hängen wie der Fisch an der Angel und werden dann vorsichtig auf der Plattform oder einer Landefläche auf der Kuppel des Leuchtturms abgesetzt. Die ersten Male ist das sehr eindrucksvoll: Stellt euch das Geräusch des Rotors vor, nun öffnet sich die Tür ins Leere und der Pilot schreit: »Los!«, denn man muss sich nach vorne fallen lassen. Die Rotorblätter lassen die Haare flattern und man wird durchgeschüttelt. Welche Erleichterung, dann auf dem Leuchtturm anzukommen! Später ist das alles reine Routine.

Reparaturen

Die Arbeit an Leuchttürmen ist immer sehr eindrucksvoll. Hier wird die Kuppel des Leuchtturms von Porquerolles (Frankreich) erneuert. Dort benötigt der Leuchtturm von La Banche (Frankreich) einen neuen Anstrich. Viele tausend Arbeitsstunden sind für den Unterhalt dieser Gebäude zu leisten.

Fast alle Objekte, die als Seezeichen genutzt werden, stehen an sehr exponierten Stellen. Das Meer zersetzt den Turm, Sand schabt an der Farbe, Wasser dringt in die Laternen ein, Tonnen werden abgetrieben, der Wind verdreht den Windrichtungsanzeiger… Nach jedem Sturm muss überprüft werden, ob Seemarken umgekippt oder Fenster zerbrochen sind. Hierfür gibt es zahlreiche Kontrollgeräte, die Störungen direkt per Funk anzeigen, abgetriebene Tonnen ausfindig machen und die Kontrollzentren alarmieren, damit rasch eingegriffen wird. Für solche Reparaturen, die für die Sicherheit der Seefahrer lebenswichtig sind, werden häufig ehemalige Leuchtturmwärter eingesetzt, die jetzt an Land arbeiten. Es darf aber nicht vergessen werden, dass Leuchttürme heute nur noch knapp 1% der Signale ausmachen, die von einer Seezeichenbehörde betreut werden. Der wesentliche Teil der Seezeichen besteht aus kleinen Leuchtfeuern, die den Yachten und Segelschiffen sowie der Küstenschifffahrt (das ist die Schifffahrt auf Kurzstrecken entlang der Küste) dienen. Heutzutage gehen die Leuchttürme in einem Meer kleiner Leuchtfeuer unter.

Die Männer der französischen Seezeichenbehörde *Phares et Balises* beladen ihr Boot mit dem Material, das sie für die Wartung der Leuchttürme benötigen.

Satellitengestützte Navigationssysteme – GPS oder DGPS

Der Kapitän eines Dampfers von Brittany Ferries kontrolliert auf den Radarschirmen seine Position in der Fahrrinne. Auf so stark befahrenen Wasserstraßen ist die Nutzung elektronischer Hilfsmittel lebenswichtig.

Seit etwa 15 Jahren hat ein neues Navigationssystem die sichtbaren Markierungen der Leuchttürme überflügelt. Die Rede ist vom GPS (Global Positioning System) oder DGPS (Differential Global Positioning System). Diese kleinen Computer an Bord der Schiffe ermöglichen es dank der Nutzung eines Satellitennetzes, sich auf wenige Meter genau über den eigenen Standort zu orientieren und zwar unabhängig von Ort, Zeit und Witterungsbedingungen. Ein deutlicher Fortschritt also, der die früheren Sicht- und Leuchthilfen überflüssig zu machen scheint. Die vielen kleinen Leuchtfeuer entlang der Fahrrinne Richtung Hafen und die Leuchttonnen, die auf Gefahren oder Fahrrinnen hinweisen, sind von dieser Änderung aber nicht betroffen; sie werden von Seefahrern auch weiterhin gerne genutzt. Nur die »großen Leuchttürme« erfüllen nicht mehr ihren früheren Zweck. Sie dienen auf Wunsch der Seeleute als Rettungssystem, falls das GPS einmal ausfallen sollte. Die schönsten Bauwerke wurden in Programme aufgenommen, die sie für Touristen zugänglich machen und als Kulturgut schützen.

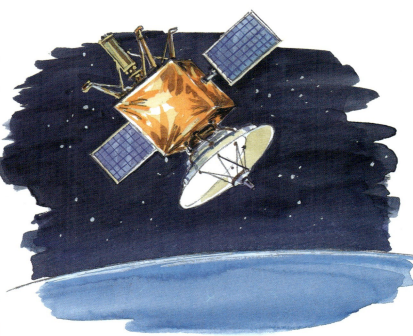

Ein Satellit

Die Farbsektoren

Der Leuchtturm von Cordouan in Frankreich, der die Einfahrt in die Mündung der Gironde anzeigt, muss die Seefahrer auch vor den Sandbänken entlang der Fahrrinne warnen.

Leuchttürme »sprechen« mit den Seefahrern. Man erfand eine Sprache, das heißt »Wörter«, mit denen sie ihre warnenden Botschaften aussenden können. Hierzu gehören die Farbsignale. Dieses Prinzip farbiger Abschnitte um eine weiße Mittelzone (die sogenannte »sichere Zone«) findet seit 1977 weltweit Anwendung. Sieht man vom Schiff aus ein rotes oder grünes Licht, bedeutet dies Gefahr. Beim Anlaufen eines Hafens in Richtung auf einen weiß leuchtenden Leuchtturm, dessen Licht plötzlich rot wird, weiß man, dass man sich einer Gefahrenzone mit Untiefen nähert. Nun heißt es, rasch wieder in die Zone des weißen Lichts zu steuern. Dasselbe gilt, wenn sich das Licht grün färbt. Man findet dieses System auch bei den Tonnen entlang der Fahrrinnen. Auf einer Seite zeigen sie Rot, auf der anderen Grün. Man muss immer zwischen beiden Farben fahren.

Es bestehen jedoch Unterschiede, da sich nicht alle Nationen einigen konnten. In Europa, Australien, Afrika und den Golfstaaten befindet sich das Rot auf der Backbordseite (links) und das Grün auf der Steuerbordseite (rechts). In Amerika und den asiatischen Ländern ist es umgekehrt. Vorsicht, Verwechslungsgefahr!

Mit einfachen Farbfiltern lässt sich das Leuchtfeuer stellenweise färben.

Kurs auf den Hafen

Zwei kleine Türme, zwei Farben, ein Schiff, das durch die Nacht fährt – ein Hafen, wie er überall auf der Welt zu finden ist.

Schiffe, die einen Hafen anlaufen oder aus ihm auslaufen, müssen hierfür eine Fahrrinne nutzen, eine Art Wasserstraße geringer Tiefe und Breite. Bei geringer Tiefe und Breite besteht die Schwierigkeit also darin, genau die Mitte zu finden. Hierfür wird eine Richtfeuerlinie genutzt, bei der zwei Leuchtfeuer, das »Unterfeuer« und das »Oberfeuer«, übereinander zu sehen sein müssen. So eine Richtfeuerlinie erforderte den Bau von zwei Türmen, manchmal im Abstand von mehreren Kilometern und in unterschiedlicher Höhe. Sieht der Kapitän beide Lichter direkt übereinander, kann er sicher sein, den richtigen Kurs einzuhalten. Die geringste Abweichung wird sofort mit dem Auge erkennbar.

Sobald das Schiff die Fahrrinne passiert hat, erreicht es am Ende seiner Seereise die beiden roten und grünen Türmchen, von denen die Einfahrt jedes Hafens der Welt eingerahmt wird. Sie signalisieren ihm: »Willkommen zu Hause!«

Bibliografische Information Der Deutschen Bibliothek
Die Deutsche Bibliothek verzeichnet diese Publikation in der Deutschen Nationalbibliografie;
detaillierte bibliografische Daten sind im Internet über http://dnb.ddb.de abrufbar.

Titel der Originalausgabe: *Les phares racontés aux enfants*
Erschienen bei Éditions de La Martinière, Paris, 2005
Copyright © 2005 Éditions de La Martinière

Deutsche Erstausgabe
Copyright © 2005 von dem Knesebeck GmbH & Co. Verlags KG, München
Ein Unternehmen der La Martinière Groupe

Alle Fotos © Philip Plisson, außer: S. 11 und Umschlag hinten © Christophe Le Potier;
S. 14, 19, 31, 42–43, 48–49, 61 © Guillaume Plisson.

Überzug: Gudrun Bürgin
Satz: satz & repro Grieb, München
Printed in Belgium

ISBN 3-89660-302-7

Alle Rechte, insbesondere das Recht der Vervielfältigung und Verbreitung, vorbehalten.
Kein Teil des Werkes darf in irgendeiner Form (durch Fotokopie, Mikrofilm oder ein anderes Verfahren)
ohne schriftliche Genehmigung des Verlags reproduziert oder unter Verwendung elektronischer
Systeme verarbeitet, vervielfältigt oder verbreitet werden.

www.knesebeck-verlag.de